JOHANN JOACHIM QUANTZ

KONZERT G-MOLL

FÜR FLÖTE, STREICHER UND BASSO CONTINUO

QV 5: 192

NACH DEN QUELLEN HERAUSGEGEBEN VON
KLAUS BURMEISTER

AUSGABE FÜR FLÖTE UND KLAVIER

C. F. PETERS · FRANKFURT
LEIPZIG · LONDON · NEW YORK

8-50

KONZERT G-MOLL

für Flöte, Streicher und Basso continuo
QV 5 : 192

I

Johann Joachim Quantz
(1697-1773)
Herausgegeben von Klaus Burmeister

Edition Peters Nr. 9697

E.P. 12885

6

II

III

KONZERT G-MOLL

für Flöte, Streicher und Basso continuo
QV 5 : 192

Flöte

I

Johann Joachim Quantz
(1697-1773)
Herausgegeben von Klaus Burmeister

Edition Peters Nr. 9697

E. P. 12885

Flöte

Flöte

Flöte

II

III

Nachwort

Johann Joachim Quantz (1697-1773), als Verfasser der theoretischen Schrift *Versuch einer Anweisung die Flöte traversiere zu spielen*, von Zeitgenossen und Nachwelt anerkannt, ist als Komponist für die Flöte außerordentlich fruchtbar gewesen. Zu seinem Werk gehören, neben einer Anzahl Sonaten und Trios, ca. 300 Flötenkonzerte, von denen allein in Berlin 296 nachweisbar sind.

Die meisten Konzerte des Flötenmeisters und -lehrers Friedrich II. sind vermutlich vor dem Siebenjährigen Krieg (1756-1763) entstanden und waren, bis auf die allerfrühesten, noch in Dresden komponierten, nur für seinen König bestimmt. Über die Entstehungszeit des vorliegenden Konzertes in g-Moll gibt es, bis auf einige Vermutungen, die auf die dreißiger Jahre hindeuten, keine direkten Hinweise.

Der Ausgabe dieses Konzertes liegen drei frühe Berliner Abschriften in kompletten Stimmensätzen zugrunde. Sie gehören zum Bestand der einstmaligen Königlichen Hausbibliothek und werden in der Deutschen Staatsbibliothek Berlin unter den Signaturen des Thouret – Kataloges aufbewahrt: *M 3825 (pour Charlottenbourg)*, *M 3824 (pour Potsdam)*, *M 3826 (pour Sans-Souci)*. Außer diesem Aufführungsmaterial aus den einzelnen Schlössern sind keine weiteren Quellenbelege nachweisbar. Die Umschlagseite jedes Stimmensatzes trägt den Titel: *Concerto à 5 / Flauto Traversiero / Violino Primo / Violino Secondo / Violetta e Basso / di Quantz.*

Die dem Klavierpart übergelegte Solostimme gibt den originalen Notentext ohne Zusätze des Herausgebers wieder. Einzelheiten der Quellenbeschreibung und Textkritik werden im Nachwort und Revisionsbericht der Partiturausgabe (Edition Peters Nr. 9696) gegeben.

Bei jeder Ausführung dieses Konzertes sollte bedacht sein, daß diese Musik innerlich der italienischen Tradition nahesteht und von Kontrastierung lebt, nicht nur durch die sich abwechselnden Tutti- und Soloteile, die durch Stimmenzahlen gegeneinander abgesetzt sind, sondern auch innerhalb jeder solistischen Aktion, die durch Dynamik und Artikulation an Farbigkeit gewinnt. Die sparsamen Vortragsbezeichnungen verpflichten den Interpreten geradezu, nach eigenen Möglichkeiten zu suchen. Auszierungen und „willkürliche Veränderungen" der Solostimme sollten je nach Vermögen angebracht werden.

Klaus Burmeister

Concluding Remarks

Johann Joachim Quantz (1697-1773), recognized by his contemporaries and future generations as the author of the theoretical work *Versuch einer Anweisung die Flöte traversiere zu spielen*, had been extraordinarily productive as a composer for the flute. Besides a number of sonatas and trios, his production covers about 300 concertos for flute, 296 of which are traceable in Berlin.

Most concertos of the flute master and teacher of Frederick II were presumably composed before the Seven-Years War (1756-1763) and, with the exception of the very early ones, being composed still in Dresden, they were all appointed to his king. Apart from some suppositions pointing to the thirties, there are no direct hints at the date of the composition of the present concerto in G minor. The edition of the present concerto is based on three early Berlin copies of complete sets of parts. They are involved in the inventory of the former Königliche Hausbibliothek and are now stored in the Deutsche Staatsbibliothek Berlin under the numbers of the Thouret Catalogue: *M 3825 (pour Charlottenbourg)*, *M 3824 (pour Potsdam)*, and *M 3826 (pour Sans-Souci)*. Apart from these instrumental parts from the individual castles no further sources are available. The cover of every part has the title: *Concerto à 5 / Flauto Traversiero / Violino Primo / Violino Secondo / Violetta e Basso / di Quantz.*

The solo part being superposed on the piano part represents the original note text without editorial additions. Details concerning the sources and the textual criticism are given in the Concluding Remarks and in the Revisionsbericht of the Score Edition (Edition Peters Nr. 9696).

In every performance of this concerto one should consider that this music innerly inclines to the Italian tradition and is living by contrasts, not only by the alternating tutti and solo passages, which differ by the different numbers of parts, but also during each solo action colouring by dynamics and articulation. The poor performing instructions make the interpreter look for his own possibilities. Ornaments and „improvised variations" of the solo part should be applied according to the soloist's ability.

Klaus Burmeister

MUSIK FÜR FLÖTE

C. Ph. E. BACH   12 Stücke für 2 Flöten und Klavier Wq 82 (Johnen)   EP 5649

Sonate g für Flöte und Cembalo (Gurgel/Jacobi)   EP 9856

J. S. BACH   Flöten-Repertoire: Kantaten und Oratorien (Richter) Bd. I/II/III   EP 8203 a/b/c

Sonate a für Flöte solo BWV 1013 (List)   EP 9023

6 Sonaten für Flöte und Cembalo BWV 1030–1035 (Soldan) 2 Bände   EP 4461 a/b

Sonate g für Flöte, Cembalo und Viola da gamba BWV 1030b (Meylan)   EP 8118

Suite h (Ouvertüre Nr. 2) BWV 1067, Klavierauszug (List/Weyrauch)   EP 4921

BEETHOVEN   Serenade für Flöte und Klavier op. 41   EP 4663

Variierte Themen op. 105, 107 für Flöte und Klavier (Hauschild)   EP 9170

CIMAROSA   Konzert G für 2 Flöten und Orchester (Burmeister) Klavierauszug mit Solostimmen   EP 5519

DEVIENNE   3 Duos op. 5 für Flöte und Viola   EP 8431

6 Duettinos op. 82 für zwei Flöten   EP 8366

DONIZETTI   Sonate für Flöte und Klavier (Meylan)   EP 8044

Sonate für Flöte und Harfe (Meylan)   EP 8043

FÜRSTENAU   26 Übungen op. 107 (Richter) 2 Bände   EP 5950 a/b

24 Übungen, Capricen und Präludien op. 125 für Flöte (H. Böhme)   EP 8403

GENZMER   Divertissement für Flöte und Violine   EP 5971

Sonate für Flöte solo   EP 8180

Zweite Sonate für 2 Flöten   EP 8499

HÄNDEL   Hallenser Sonaten a, e, h für Flöte und Basso continuo (Woehl)   EP 4550

Sonate e für 2 Flöten und Basso continuo (Bell/Cuckston)   EP 7127

6 Sonaten (e, g, G, C, F, h, a) für Flöte und Klavier (Schwedler) 2 Bände   EP 201 a/b

Sonaten g, a, C, F für Flöte und Basso continuo (Woehl)   EP 4552

Sonaten e, G, h für Flöte und Basso continuo (Woehl)   EP 4553

HAYDN   Cassation D für Flöte, Violine und Basso continuo Hob. IV: D 2 (Nagel)   EP 8132

Sonate G für Flöte und Klavier nach Hob. III: 81 (Holländer)   EP 190 a

Trios C, G, G für 2 Flöten und Violoncello Hob. IV: 1–3 (Köhler)   EP 4972

HIRSCH   Sonate für Flöte und Klavier   EP 5980

HOFFMANN, L.   Konzert D für Flöte und Orchester (Burmeister/Tast) Klavierauszug   EP 9822

HOFFMEISTER   Duo F für Flöte und Viola (Drüner)   EP 8191

JUNGK   Appunti für Flöte solo   EP 8067

KREBS   6 Kammersonaten für Flöte und Cembalo (Klein) 2 Bände   EP 9024 a/b

KUHLAU   Duos für 2 Flöten op. 10, 80, 81, 3 Bände   EP 1238–1240

3 Grands Solos op. 57 für Flöte, Klavier ad lib.   EP 8392

Quartett E für 4 Flöten (Nagel)   EP 8085

MOZART   Konzert G KV 313, Klavierauszug (List/Thiele)   EP 9030

Konzert D KV 314, Klavierauszug (List/Thiele)   EP 9029

Konzert C für Flöte, Harfe und Orchester KV 299 Ausgabe für Flöte und Klavier (mit eingezogenem Harfenpart) (Richter)   EP 8139

NAUDOT   6 Sonaten für Flöte und Basso continuo (Gurgel/Pritsche)   EP 9197

ORCHESTERSTUDIEN für Piccoloflöte (Nitschke) Band I/II   EP 8404 a/b

PEZ   Concerto e, Klavierauszug (Schroeder)   EP 5954

PROKOFJEW   Sonate op. 94 für Flöte und Klavier   EP 4781

QUANTZ   Konzert g für Flöte und Orchester Klavierauszug (Burmeister)   EP 9697

Konzert G für Flöte und Orchester, Klavierauszug (Augsbach/Burmeister)   EP 9699

REICHA   Variationen für 2 Flöten (Polnauer)   EP 66361

ROLLA   3 Terzettini für 2 Flöten und Viola (Drüner)   EP 8446

SALIERI   Konzert C für Flöte, Oboe und Orchester Klavierauszug (Wojciechowski)   EP 5891

SCHUBERT   Introduktion und Variationen über »Ihr Blümlein alle« op. 160 für Flöte und Klavier (Richter)   EP 156 c

STAMITZ, A.   8 Capricen für Flöte solo   EP 8197

STRAUSS, R.   Orchesterstudien (Leeuwen)   EP 4189 k

TCHEREPNIN, A.   Duo op. 108 und Prélude für 2 Flöten   Bel 476

Trio für 3 Flöten op. 59   Bel 220

Quartett für 4 Flöten op. 60   Bel 221

Studie für Flöte und Klavier   Bel 491

TELEMANN   Concerto G für Flöte, Oboe d'amore und Basso continuo (Havemann)   EP 8057

Suite a für Flöte, Streicher und Basso continuo Klavierauszug (Salter)   H 882 a

12 Fantasien für Flöte solo (Burmeister)   EP 9715

12 methodische Sonaten für Flöte und Basso continuo (Gerdes) Nr. 1–6   EP 4664 a

TRAEG, A.   Fantasie G für Flöte solo (Schleuning)   EP 8375

TROMLITZ   6 Partiten für Flöte (Lebermann)   EP 8317

VERACINI   12 Sonaten für Flöte und Basso continuo (Kolneder) 4 Bände   EP 4965 a/d

VIVALDI   Konzert C PV 79, Klavierauszug (Schroeder/Giefer)   H 2011

ZIPP   Elmauer Bagatellen für Flöte   EP 8389

Suite op. 35 a für Flöte und Klavier   EP 5842

Bitte fordern Sie den Katalog der Edition Peters an
For our free sales catalogue please contact your local music dealer

C. F. PETERS · FRANKFURT/M. · LEIPZIG · LONDON · NEW YORK

1383

Printed in Germany

ISM N M-014-007823-2

9 790014 078232